Este título incluido en **Nuestros Ilustres** —la serie de biografías de destacados personajes de los ámbitos de la ciencia, la cultura y la historia— pretende servir de soporte cultural y educativo, así como de **apoyo extracurricular a diversas asignaturas**, con el objetivo de promover el conocimiento, la investigación, la innovación, el talento y la divulgación. Cada título aproxima a los niños a un personaje cuya trayectoria ha contribuido significativamente al desarrollo y a la calidad de vida de nuestra sociedad.

Las biografías de **Nuestros Ilustres** forman parte de un proyecto impulsado por la **Fundación Acuorum Iberoamericana Canaria de Agua** en colaboración con **Canaragua**, **Aguas de Telde** y **Teidagua**. Han sido coordinadas y producidas bajo el sello de **Vegueta**.

Guía de lectura:
¿Deseas saber más sobre Mercedes Pinto y su época?

◯ Citas de
Mercedes Pinto.

◯ Información
más detallada.

Textos: Alicia Llarena
Ilustraciones: Luisa Rivera
Diseño: Anna Bosch
Maquetación: Sara Latorre

© **de esta edición: Fundación Acuorum Iberoamericana Canaria de Agua**
Gabinete Literario. Plaza de Cairasco, 1
35002 Las Palmas de Gran Canaria
www.acuorum.com

© **de las ilustraciones:** Luisa Rivera
© **del texto de Pablo Neruda:** Pablo Neruda y Fundación Pablo Neruda

Publicación: septiembre 2020

ISBN: 978-84-947237-5-9
Depósito Legal: GC 174-2020
Impreso y encuadernado en España

CEDRO

FSC
www.fsc.org
MIXTO
Papel procedente de
fuentes responsables
FSC® C111592

NUESTROS ILUSTRES

Mercedes Pinto

La escritora que abrió ventanas de colores

ALICIA LLARENA

LUISA RIVERA

Vegueta Infantil

Francisco María Pinto de la Rosa
(Tenerife, 1854 - 1885)

Notable escritor canario, prosista, autor de novelas y ensayos, crítico literario y jefe de redacción de la *Revista de Canarias*. Sus obras completas fueron prologadas por Benito Pérez Galdós. Fue Catedrático del Instituto Provincial de Segunda Enseñanza de Canarias.

Mi papá fue un gran escritor canario, pero no pude conocerlo. Se fue al cielo cuando yo apenas tenía dos años. Todos decían que yo heredé su talento, y debe de ser verdad, porque siempre tuve deseos de leer y conocer el mundo.

Aún recuerdo con emoción la primera vez que me llevaron a un teatro. ¡Qué maravilla! ¡Las luces, el escenario, los actores, todo me parecía fascinante!

Tenía sólo siete años, pero ese día, al regresar a casa, decidí que quería ser artista, escribir y que se me conociera por mi trabajo.

Mi hermana y yo jugábamos mucho en el patio de la casa, un patio lleno de sol y de flores, con su palmera en el centro y ranas y peces de colores nadando en el aljibe. Era feliz. Pero echaba de menos ir a un colegio y jugar con otros niños. No les he dicho que yo nací en un tiempo en que las mujeres no podíamos estudiar ni ir a clase. Aunque tuve suerte porque mi familia podía pagar a la profesora que venía todas las tardes y nos enseñaba muchas cosas, sobre todo a leer y a escribir.

¡Cómo me gustaba abrir
un libro y meterme en
las historias que contaba!

Cuando me sentía triste hablaba con mi padre, le pedía que bajara del cielo para abrazarme y que me ayudara a convertirme en escritora. También le pedía que pasaran pronto mis cumpleaños porque tenía muchas ganas de ser mayor para ser libre y viajar por todo el mundo.

Cuando cumplí catorce años le escribí un poema: «A mi padre», que comenzaba así:

«¡No debiste morir! Tú me dejaste
desamparada y sola en esta vida,
cuando apenas nacida
al humano rencor abandonaste
mi alma infantil por la orfandad herida».

Nunca imaginé que por esos versos me llamarían desde entonces «La Poetisa Canaria». ¡Qué alegría! ¡Ya era famosa! Desde ese momento no dejé de escribir nunca.

Mi hermana y yo nos hicimos adultas. Y nos casamos. Y tuvimos hijos. A las mujeres de aquella época se nos educaba para ser buenas esposas y buenas madres, y la sociedad no veía bien que yo siguiera soñando con ser artista y escribir libros.

Mi marido y yo discutíamos muchísimo porque él no me entendía.

¡Qué pena tan grande sentía en aquellos años al saber que las mujeres no teníamos derecho a ser libres!

«Creemos llegada la hora de que las mujeres estén en condiciones honorables frente a la vida, (...) deseamos para ellas la felicidad que sólo puede conquistarse cuando se es dueño de los propios destinos».

La igualdad entre hombres y mujeres

Los derechos de la mujer no fueron reconocidos íntegramente hasta la Constitución Española de 1978. Anteriormente, las leyes establecían una dependencia absoluta de la mujer con respecto al hombre, pues éstas debían pedir permiso a su marido para poder trabajar, cobrar su salario, abrir cuentas corrientes en bancos, sacar su pasaporte o el carné de conducir, entre otras cosas.

Las cosas no acabaron bien y tuve que separarme de mi esposo. Decidí irme a Madrid con mis hijos y allí empezaron a cumplirse todos mis sueños.

Conocí a escritores y artistas muy importantes, publiqué mi primer libro de poemas, escribí para revistas, participé en actividades en defensa de los niños, de las mujeres, de los obreros.

Yo quería un país moderno, lleno de imaginación y de arte, donde todas las personas fuéramos iguales.

En Madrid me enamoré de nuevo. Se llamaba Rubén y juntos ampliamos la familia. A él le gustaba que le leyera mis poemas y se sentía orgulloso de mí. Me animaba siempre y me acompañaba a todas partes.

Rubén estaba conmigo el día que fui a la universidad a dar una conferencia. Yo era una romántica que creía en el amor y siempre defendía a las mujeres de las leyes injustas que nos impedían ser libres.

De esa libertad hablé con entusiasmo aquella tarde. No se me pasó por la cabeza que tendría que irme del país por todo lo que dije.

Pero así fue. El Gobierno se había enfadado conmigo seriamente y decidí marchar de España con Rubén y nuestros niños.

«En nuestro camino nos han acompañado y hemos tratado a muchas mujeres interesantes que incluso han llenado el mundo con su gloria; las hemos conocido. Están en la historia... ¡Existen, en fin, en gran número!».

Dictadura de Primo de Rivera
(1923 - 1930)

En septiembre de 1923, el capitán general Miguel Primo de Rivera dio un golpe de Estado, suspendió la Constitución, prohibió los partidos políticos y estableció una dictadura que se prolongó hasta enero de 1930. En esa época, intentaron obligar a Mercedes Pinto a retractarse de sus ideas feministas, pero ella se negó.

¡Qué triste es tener que marcharse del país donde has nacido para poder ser libre y crecer en otra parte!

Nadie sabe lo que sufre un emigrante, tener que despedirse de la familia y de los amigos para tomar un nuevo rumbo, como hicimos nosotros para irnos a Uruguay.

La vida es maravillosa, a las grandes penas les siguen grandes alegrías, y eso es lo que sucedió en Montevideo. Allí me sentí libre, admirada por todos. Publiqué algunas de mis obras más famosas, trabajé en la radio, en revistas y periódicos, llené salones con mis conferencias.

Me siento especialmente orgullosa de haber fundado entonces la Asociación Canaria y la inolvidable Casa del Estudiante, un espacio cultural y gratuito abierto a toda la gente que pronto se hizo famoso en el país.

«Quedarme hubiera sido mi ruina, mientras que mi marcha hacia América fue libertad para mi pensamiento y mi pluma...».

Montevideo, Uruguay

Montevideo fue fundada por emigrantes canarios en el siglo XVIII. En 1924, cuando llegó Mercedes Pinto, Uruguay era un país muy avanzado, con un sistema educativo gratuito, obligatorio y laico, el derecho al divorcio y el voto femenino.

América me fascinaba desde niña. Por eso quise recorrerla un día y abandoné Uruguay para conocer otros países: Bolivia, Argentina, Paraguay... ¡Qué hermoso es el mundo y qué mágico es viajar!

Háganme caso: viajen mucho y llenen su corazón con experiencias nuevas y paisajes muy distintos.

«Toda mi juventud de novela, de tragedias, de viajes, de idas y venidas por los países donde se tejen las leyendas y los cuentos, unos de hadas madrinas, otros de trasgos y de diablos, y así un día se serenó el vendaval, llegó el buen tiempo, América fue mi destino y me sentí aplaudida y agradecida».

José Martí
(Cuba, 1853 - 1895)

Mercedes Pinto se enamoró de Latinoamérica en su infancia, cuando leyó los versos del poeta cubano José Martí, una de las personalidades más relevantes de toda la historia del continente. Además de escritor fue político, pensador y filósofo, y una pieza clave en la independencia de Cuba.

Viajando y viajando llegué a Chile y allí me quedé tres años. Entablé amistad con gente muy importante, el mismísimo presidente del país o el poeta Pablo Neruda. Él me regaló este texto que me ha acompañado siempre:

«Mercedes Pinto vive en el viento de la tempestad, con el corazón frente al aire, con la frente y las manos frente al aire, enérgicamente sola, urgentemente viva. Su cabeza se arrolla y desarrolla en palabras que la rodean como rizos, erigiéndose como gorgona vocal y eléctrica; segura de aciertos e invocaciones; temible y amable en su trágica vestidura de luz y llamas».

Además, recuerdo con verdadera emoción mi amistad con las grandes mujeres de Chile, escritoras e intelectuales con las que fue apasionante trabajar para conseguir el mismo derecho al voto que tenían los hombres.

«La educación de los pueblos es lo único que puede salvarnos (...) es necesaria, además, una enseñanza de carácter general, que lleve al individuo a una idea más alta y noble de lo que deben ser sus pasos por la tierra; menos dureza en las costumbres; más amor al prójimo; una inmensa ternura hacia los niños; ternura y respeto para la mujer; quitar a los hombres la idea de que ellos son los dueños, los amos, los señores...».

Pablo Neruda
(Chile, 1904 - 1972)

Poeta chileno, reconocido con el Premio Nobel de Literatura en 1971 y considerado uno de los escritores más destacados e influyentes de todos los tiempos. Dedicó y regaló a Mercedes Pinto un pequeño poema manuscrito, algunos de cuyos versos figuran en su sepultura.

La Segunda República Española
(1931 - 1939)

Fue el régimen democrático que sustituyó a la monarquía de Alfonso XIII. Supuso un período de importante modernización del país aunque también de tensiones políticas que concluyeron con la terrible Guerra Civil.

De Chile nos marchamos a Cuba, era mi sueño de niña llegar a esa isla a la que amé sin conocerla. Después de mi infancia dorada en Tenerife, los años que viví en La Habana fueron los más hermosos y felices. Allí seguí creciendo como escritora, locutora de radio y periodista.

Y defendí la República española, y a cientos de judíos que habían huido de los nazis en un famoso barco. Y me enorgullecía ver crecer a mis hijos, que, siguiendo mis huellas, se estaban convirtiendo en artistas.

México fue mi último destino, el país donde pasé el resto de mi vida. Mi hija Pituka y mis hijos Rubén y Gustavo llegaron a ser en famosos actores de cine y de teatro.

Yo seguí trabajando en los mejores periódicos y, además, un golpe de suerte hizo que el gran director de cine Luis Buñuel llevara a la pantalla mi primera novela.

💡

Círculo de Bellas Artes

En 1953 Mercedes Pinto regresa a Tenerife, invitada por el Círculo de Bellas Artes, un destacado centro de actividades culturales de la ciudad, para impartir dos conferencias. El centro ha sido protagonista de momentos cumbres en la historia cultural de Canarias, entre ellos la Exposición Universal del Surrealismo de 1935.

Como siempre fui mujer curiosa y valiente, no solo me atreví a interpretar algún papel pequeñito en alguna película sino también a colaborar en un famoso programa de tertulias de la televisión mexicana.

¿No se han preguntado a lo largo de estas páginas si alguna vez volví a Canarias? Lo hice, sí, en dos ocasiones, venciendo el miedo que me daba encontrarme con el pasado y con paisajes y ciudades que habían crecido y quizás no reconocería.

Lo que sentí al volver es que el amor a la tierra de una nunca pasa. La isla donde nací me recibió con los brazos abiertos y yo me dejé abrazar por todos los paisanos y todos aquellos recuerdos.

De los muchos honores que recibí en la vida por mi trabajo y por mi esfuerzo, hay dos que quiero compartir con ustedes.

Uno es el poema que el famoso poeta Pablo Neruda dedicó una noche a mi persona… ¡Qué gran regalo ser la musa de un escritor que llegó a ser Premio Nobel!

El otro es el bosque de más de dos mil árboles que lleva mi nombre en Israel, y que plantaron en agradecimiento a mi defensa del pueblo judío.

Por cosas así, mi vida ha valido la pena.

«El libro, el estudio, el arte, que son bálsamos eficaces para curar recuerdos y preparar las almas para el porvenir».

Israel

El Estado de Israel es un país soberano de Oriente Próximo. La mayoría de sus habitantes son judíos y han sufrido una larga historia de persecución.

Ventanas de colores

Así tituló Mercedes Pinto una famosa serie de colaboraciones periodísticas, la última de ellas publicada en el periódico mexicano *Excélsior*.

¿Saben una cosa? Después de vivir tantos años, de viajar a tantos sitios, por países tan distintos, de tener tantas y tantas experiencias, a veces felices, otras veces desdichadas, yo creo que la vida es una enorme ventana de colores.

Merece la pena ser valiente y asomarse a ella, y abrirla de par en par y volar alto siguiendo lo que nos dice nuestro propio corazón. Es así como la vida se transforma en un bello arco iris.

La protagonista

1883

Nace el 12 de octubre en la ciudad de La Laguna. Su padre Francisco María Pinto fue un reconocido escritor e intelectual del que se dice que Mercedes heredará su inclinación a la literatura y el arte. A los catorce años ya era conocida en la isla como «La Poetisa Canaria».

1920

Viaja a Madrid, donde residirá unos años, participando en la vida social y artística con la publicación de su primer libro de poemas, *Brisas del Teide*, y su colaboración en importantes revistas. En 1923 impartió en la Universidad Central de Madrid su famosa conferencia «El divorcio como medida higiénica».

1924

Huye de la dictadura y se exilia en Uruguay, donde tendrá gran éxito. Publica el poemario *Cantos de muchos puertos*, la novela *Él*, y escribe obras de teatro como *Un señor... cualquiera*. Trabajó en los periódicos, revistas y emisoras de radio más importantes, fue una famosa conferencista y fundó la «Asociación Canaria» y «La Casa del Estudiante», que llegó a convertirse en la Universidad Popular de Montevideo.

Otros canarios ilustres

1758-1824

Agustín de Betancourt
Un ingeniero universal

1834-1912 / 1842-1918

Los León y Castillo
Dos hermanos soñadores

1843-1920

Benito Pérez Galdós
El narrador de un mundo

1932

Abandona Uruguay y hace una gira por Latinoamérica con su «Compañía de Arte Moderno». Vivió tres años en Chile, donde publicó la novela *Ella*, y siete años en Cuba, escribiendo para los diarios y revistas más conocidos. Allí conduce también programas de radio de gran audiencia. Su nombre estuvo entre los propuestos para el Premio Nobel de la Paz en esa época.

1943

Se instala en Ciudad de México. Colabora en los diarios más distinguidos del país y se relaciona con los círculos cinematográficos, en los que ya despuntan como actores tres de sus hijos. El gran director de cine Luis Buñuel lleva a la pantalla su novela *Él*. Colabora también en un conocido Canal de Televisión como tertuliana.

1976

Fallece el 21 de octubre en Ciudad de México, con 93 años. Hoy es un referente de la escritura femenina en el ámbito hispánico.

1878-1945

Blas Cabrera
El gran físico amigo de Einstein

1883-1976

Mercedes Pinto
La escritora que abrió
ventanas de colores

1925-2019

Martín Chirino
El niño que quería mover
el horizonte